NOTIONS

DE

DROIT INTERNATIONAL

DESTINÉES

A MM. LES OFFICIERS DE L'ARMÉE ACTIVE, DE LA RÉSERVE
ET DE L'ARMÉE TERRITORIALE

ET SUIVIES D'UN

MEMENTO

A l'usage des Sous-Officiers, Caporaux et Soldats.

IMPRIMERIE LIBRAIRIE MILITAIRE

H.C.L.

PARIS

PARIS | LIMOGES
11, Place Saint-André-des-Arts | 46, Nouvelle route d'Aixe 46

HENRI CHARLES-LAVAUZELLE

Éditeur militaire.

1887

NOTIONS

DE

DROIT INTERNATIONAL

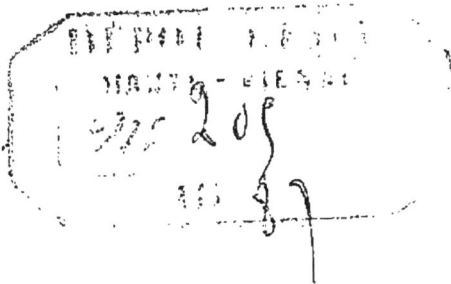

NOTIONS

DE

DROIT INTERNATIONAL

DESTINÉES

A MM. LES OFFICIERS DE L'ARMÉE ACTIVE, DE LA RÉSERVE
ET DE L'ARMÉE TERRITORIALE

ET SUIVIES D'UN

MEMENTO

A l'usage des Sous-Officiers, Caporaux et Soldats.

PARIS | LIMOGES
11, Place Saint-André-des-Arts | 46, Nouvelle route d'Aixe, 46

HENRI CHARLES-LAVAUZELLE

Éditeur militaire.

1887

AVANT-PROPOS

Il est de toute nécessité pour les belligérants de connaître les principes fondamentaux du *droit international*.

Il est indispensable que tous les soldats
soient mis au courant des clauses essen-
tielles de la *Convention de Genève* et des
lois de la guerre.

PREMIÈRE PARTIE

NOTIONS DE DROIT INTERNATIONAL

Ouvrages consultés :

1. Manuel de droit international.
2. La Guerre continentale et les personnes, par J. Guelle.
3. Conférences sur le droit international, par Renault (cours de l'Ecole supérieure de guerre).
4. Le Droit international codifié, par Bluntschli.
5. Manuel des lois de la guerre. — Institut du droit international d'Oxford.
6. Le Droit international, par Calvo.
7. Précis du droit des gens, par de Martens.
8. Manuel de droit maritime international, par F. Perels.

NOTIONS

DE

DROIT INTERNATIONAL

PRÉLIMINAIRES

DÉFINITIONS

La *guerre* est la lutte armée entre deux ou plusieurs Etats; elle a existé de tout temps et, malheureusement, il est à présumer qu'elle existera longtemps encore, sinon toujours. Le plus fort n'a-t-il pas presque constamment raison du plus faible, en dépit même de la justice de la cause que ce dernier défend? *La force prime le droit.* Mais, si l'on ne peut empêcher la guerre, on doit chercher à en atténuer les maux, à la rendre plus rare et moins barbare.

On a donc établi des « lois de la guerre » acceptées aujourd'hui par la presque totalité des nations civilisées, et c'est

2

l'ensemble de ces lois qui constitue le *droit international.*

Les *lois de la guerre* ont pour but d'éviter le retour aux usages barbares admis autrefois, de limiter l'emploi de la force, d'obliger le vainqueur à respecter les êtres inoffensifs, tels que les vieillards, les femmes, les enfants, et à épargner les malades, les blessés et les prisonniers. Elles modifient, à titre exceptionnel, les lois régulières établies en temps de paix.

Le *droit international,* appelé aussi *droit des gens,* est l'ensemble des principes humanitaires qui régissent les rapports des Etats entre eux, pendant la paix et pendant la guerre.

Il comprend :

1° Le *droit international privé* qui, résultant des traités de commerce et des conventions internationales, a pour objet de régler les conflits des lois privées ;

2° Le *droit international public* qui a sa source dans les traités de paix et dans les principes, coutumes et usages admis par les différents peuples.

Ce droit international a été reconnu par tous les peuples de l'Europe, et la nation qui ne s'y conformerait pas s'exposerait à de terribles représailles. Cependant, comme tous les autres droits, il n'a pas été toujours respecté, et l'on pourrait citer plusieurs exemples où les parties belligérantes l'ont foulé aux pieds.

Les relations des Etats entre eux sont donc régies par des traités et des usages qui ont pour but de régler les intérêts particuliers des nationaux ou les intérêts généraux des Etats, ainsi que la situation respective des représentants des différentes puissances, tels que les agents diplomatiques et les agents consulaires.

TITRE PREMIER

LA GUERRE

CHAPITRE Ier

De la déclaration de guerre.

On appelle *casus belli*, ou cas de guerre, toute cause de rupture avec une puissance étrangère, tout motif qui détermine un gouvernement à prendre les armes, toute violation de conventions ou traités internationaux.

Généralement, les hostilités ne commencent qu'après l'envoi d'un *ultimatum* (*ultimum verbum*, dernier mot d'une négociation), c'est-à-dire d'une dernière note diplomatique, indiquant certaines conditions dont le refus est suivi du rappel des agents diplomatiques et d'une déclaration de guerre.

L'ultimatum était à peu près inconnu en France avant 1789, mais le passage de la paix à la guerre était toujours marqué par un acte public que l'on retrouve chez les Romains (feciales), au moyen-âge (lettres de défi), au XIIe siècle (hérauts), etc.

EXEMPLES HISTORIQUES :

Ultimatum du roi de Prusse en 1806, avant de déclarer la guerre à Napoléon Ier. — Celui de la Russie à la Turquie, quelque temps avant la déclaration de la guerre d'Orient. — Celui de l'Autriche au Piémont en 1859. — Celui de la Prusse et de l'Italie à l'Autriche en 1866. — Celui de la France à la Prusse en 1870.

La *déclaration de guerre* est généralement suivie de la publication de mémoires ou manifestes, dans lesquels les gouvernements intéressés s'efforcent d'établir leur bon droit et la justice de leur cause, et de fixer l'époque précise du commencement des hostilités, afin de permettre aux sujets des deux pays de rentrer dans leurs foyers.

Il est arrivé quelquefois aussi que les hostilités ont commencé sans déclaration de guerre préalable ; mais une telle manière de procéder, blâmable et contraire à tous les usages, attirera toujours à l'agresseur la réprobation générale et pourra souvent lui causer les plus grands préjudices. Une pareille guerre doit être considérée comme un véritable guet-apens et une violation de la foi publique.

La déclaration de guerre et l'ouverture des hostilités sans ultimatum et sans propositions préalables, sont non seulement contraires aux lois de l'humanité, mais encore à l'idée même de la guerre. (Bluntschli.)

EXEMPLES HISTORIQUES :

Le bombardement de Copenhague par les Anglais en 1807. — Proclamation de l'empereur Napoléon III en 1870. — Proclamation du roi de Prusse au peuple français en 1870.

CHAPITRE II

Effets immédiats de la déclaration de guerre.

De la déclaration de guerre date la rupture des relations diplomatiques ; les lois internationales continuent d'exister, mais elles subissent presque toujours de profondes modifications. Les traités sont rompus, et les relations politiques et commerciales suspendues. Les sujets des belligérants qui se trouvent sur le territoire ennemi lors de la déclaration de guerre, peuvent être autorisés à retourner dans leur pays, à moins qu'on ne s'oppose à leur départ, les empêchant ainsi d'aller grossir le nombre des combattants ; ou bien, ils sont expulsés du territoire par mesure de sécurité. Les individus autorisés à rester sont placés sous la protection de l'agent diplomatique d'un Etat neutre.

Les biens des étrangers sujets de l'Etat ennemi, comme les navires qui se trouvent dans les ports, ne sauraient être saisis, car une pareille mesure produirait dans le commerce international la plus grande perturbation.

Toute relation commerciale avec l'ennemi est formellement interdite ; il en est de même de la correspondance épistolaire et des voyages, sauf certaines exceptions spéciales comprises sous la dénomination de *licences* et relatives à la liberté du commerce.

EXEMPLES HISTORIQUES :

En 1854, les Russes, et en 1859, les Autrichiens, pendant les guerres de Crimée et d'Italie. restèrent librement en France. — En 1870, près de 100,000 Allemands, dont 40,000 à Paris, restèrent en France après la déclaration de guerre, et furent placés sous la protection des représentants des Etats-Unis et de la Suisse ; le 28 août seulement, les Allemands durent quitter Paris dans les trois jours.

TITRE DEUXIÈME

DES COMBATTANTS

CHAPITRE Ier

Des belligérants.

Tous les combattants ne sont pas des *belligérants*. Parmi ces derniers on comprend : les nationaux soumis au service militaire, les engagés volontaires, les étrangers enrôlés.

Outre cette catégorie de militaires composant l'armée régulière, il faut distinguer encore les troupes auxiliaires, corps francs, partisans, francs-tireurs, guerillas, qui, pour avoir droit au titre de belligérants, doivent remplir certaines conditions :

1° Ils doivent être sous la direction d'un chef responsable et être autorisés par l'Etat au nom duquel ils combattent.

EXEMPLES HISTORIQUES :

Les corps de Garibaldi en 1859, 1864 et 1870. — Les francs-tireurs de 1870 commissionnés par le

Ministre de la guerre et les gardes nationaux français ; et cependant, dans maintes circonstances, les Allemands se refusèrent à leur reconnaître le titre de belligérants.

2° Il leur faut revêtir un costume ou insigne distinctif, reconnaissable à distance, et porter les armes ouvertement, afin que l'on puisse facilement distinguer de loin un belligérant ou un habitant inoffensif, même lorsqu'il ne porte pas d'uniforme. Le signe distinctif doit être fixe, pour que l'on ne puisse pas, en l'enlevant ou en le dissimulant, tromper la confiance de l'adversaire.

EXEMPLES HISTORIQUES :

En 1870, les Allemands refusaient tout d'abord de considérer comme belligérants les francs-tireurs et les gardes nationaux qui portaient la blouse bleue avec ornements rouges et le képi, sous prétexte que la blouse bleue était le vêtement national du paysan français et qu'il serait difficile de reconnaître les soldats ainsi vêtus des personnes inoffensives. Le gouvernement français dut alors signifier aux Allemands que si l'on refusait aux francs-tireurs et aux gardes nationaux le titre de belligérants, il agirait de même envers la landwehr et le landsturm.

3° Ils sont tenus de se conformer aux

lois de la guerre ; faute de quoi, ils s'exposeraient à des représailles.

Les autres *combattants* peuvent, s'ils sont faits prisonniers, être déférés à une cour martiale et fusillés.

Levée en masse. — Il y a divergence d'opinion entre les publicistes, en ce qui regarde la levée en masse de tout un peuple. Tout d'abord, on distingue deux cas : 1° celui d'un territoire non occupé par l'ennemi ; 2° celui d'un territoire occupé par l'ennemi. En droit strict, toute population qui prend les armes contre l'envahisseur devrait être considérée comme belligérante ; mais la conférence de Bruxelles a admis que l'occupation d'un territoire donnait à l'occupant des droits que n'a pas l'envahisseur, et, dans ce cas, les individus qui se soulèvent en masse peuvent ne pas être considérés comme prisonniers de guerre.

EXEMPLES HISTORIQUES :

En 1814, le duc de Wellington menaça de faire pendre la population du Midi de la France soulevée contre ses troupes. — En 1813, la Prusse prescrivit chez elle la levée en masse. — En 1870, le gouvernement de la défense nationale ordonna la levée en masse (2 novembre).

CHAPITRE II

Espions, traîtres, déserteurs, transfuges, messagers, aéronautes.

En général, l'*espion* est celui qui, agissant clandestinement, cherche à se procurer des renseignements utiles à l'ennemi.

En temps de paix, l'espion qui est surpris en flagrant délit est justiciable des tribunaux ordinaires et soumis aux lois adoptées dans le pays où il se trouve.

Loi tendant a établir des pénalités contre l'espionnage en France.

Le Sénat et la Chambre des députés ont adopté,

Le Président de la République promulgue la loi dont la teneur suit :

Art. 1er. Sera puni d'un emprisonnement de deux ans à cinq ans et d'une amende de mille à cinq mille francs :

1º Tout fonctionnaire public, agent ou préposé du Gouvernement qui aura livré ou communiqué à une personne non qualifiée pour en prendre connaissance ou qui aura divulgué en tout ou en partie les plans, écrits ou documents secrets intéressant la défense du territoire ou la sûreté extérieure de l'Etat, qui lui étaient confiés ou dont il avait connaissance à raison de ses fonctions.

La révocation s'en suivra de plein droit ;

2° Tout individu qui aura livré ou communiqué à une personne non qualifiée pour en prendre connaissance ou qui aura divulgué en tout on en partie les plans, écrits ou documents ci-dessus énoncés qui lui ont été confiés ou dont il aura eu connaissance soit officiellement, soit à raison de son état, de sa profession, ou d'une mission dont il aura été chargé ;

3° Toute personne qui, se trouvant dans l'un des cas prévus dans les deux paragraphes précédents, aura communiqué ou divulgué des renseignements tirés desdits plans, écrits ou documents.

ART. 2. Toute personne, autre que celles énoncées dans l'article précédent, qui, s'étant procuré lesdits plans, écrits ou documents, les aura livrés ou communiqués en tout ou en partie à d'autres personnes, ou qui, en ayant eu connaissance, aura communiqué ou divulgué des renseignements qui y étaient contenus, sera punie d'un emprisonnement de un à cinq ans et d'une amende de cinq cents à trois mille francs.

La publication ou la reproduction de ces plans, écrits ou documents, sera punie de la même peine.

Art. 3. La peine d'un emprisonnement de six mois à trois ans et d'une amende de trois cents francs à trois mille francs sera appliquée à toute personne qui, sans qualité pour en prendre connaissance, se sera procuré lesdits plans, écrits ou documents.

Art. 4. Celui qui, par négligence ou par inobservation des règlements, aura laissé soustraire, enlever ou détruire les plans, écrits ou documents secrets qui lui étaient confiés, à raison de ses fonctions, de son état et de sa profession, ou d'une mission dont il était chargé, sera puni d'un emprisonnement de trois mois à deux ans et d'une amende de cent à deux mille francs.

Art. 5. Sera punie d'un emprisonnement

de un à cinq ans et d'une amende de mille à cinq mille francs :

1° Toute personne qui, à l'aide d'un déguisement ou d'un faux nom ou en dissimulant sa qualité, sa profession ou sa nationalité, se sera introduite dans une place forte, un poste, un navire de l'Etat ou dans un établissement militaire ou maritime :

2° Toute personne qui, déguisée ou sous un faux nom ou en dissimulant sa qualité, sa profession ou sa nationalité, aura levé des plans, reconnu des voies de communication ou recueilli des renseignements intéressant la défense du territoire ou la sûreté extérieure de l'Etat.

Art. 6. Celui qui, sans autorisation de l'autorité militaire ou maritime, aura exécuté des levés ou opérations de topographie dans un rayon d'un myriamètre autour d'une place forte, d'un poste, ou d'un établissement militaire ou maritime, à partir des ouvrages avancés, sera puni d'un emprisonnement de un mois à un an et d'une amende de cent à mille francs.

Art. 7. La peine d'un emprisonnement

de six jours à six mois et d'une amende de seize à cent francs sera appliquée à celui qui, pour reconnaître un ouvrage de défense, aura franchi les barrières, palissades ou autres clôtures établies sur le terrain militaire, ou qui aura escaladé les revêtements et les talus des fortifications.

Art. 8. Toute tentative de l'un des délits prévus par les articles 1, 2, 3 et 5 de la présente loi sera considérée comme le délit lui-même.

Art. 9. Sera punie comme complice toute personne qui, connaissant les intentions des auteurs des délits prévus par la présente loi, leur aura fourni logement, lieu de retraite ou de réunion, ou qui aura sciemment recélé les objets et instruments ayant servi ou devant servir à commettre ces délits.

Art. 10. Sera exempt de la peine qu'il aurait personnellement encourue, le coupable qui, avant la consommation de l'un des délits prévus par la présente loi ou avant toute poursuite commencée, en aura donné connaissance aux autorités administratives ou de police judiciaire, ou qui, même après les poursuites commencées, aura procuré l'arrestation des coupables ou de quelques-uns d'entre eux.

ART. 11. La poursuite de tous les délits prévus par la présente loi aura lieu devant le tribunal correctionnel et suivant les règles édictées par le Code d'instruction criminelle. Toutefois, les militaires, marins ou assimilés, demeureront soumis aux juridictions spéciales dont ils relèvent, conformément aux Codes de justice militaire des armées de terre et de mer.

ART. 12. Indépendamment des peines édictées par la présente loi, le tribunal pourra prononcer, pour une durée de cinq ans au moins et de dix ans au plus, l'interdiction de tout ou partie des droits civiques, civils et de famille énoncés en l'article 12 du Code pénal, ainsi que l'interdiction de séjour prévue par l'article 19 de la loi du 28 mai 1885.

ART. 13. L'article 463 du Code pénal est applicable aux délits prévus par la présente loi.

La présente loi, délibérée et adoptée par

le Sénat et par la Chambre des députés, sera exécutée comme loi de l'Etat.

Fait à Paris, le 18 avril 1886.

JULES GRÉVY.

Par le Président de la République :

Le Ministre de la Guerre,
Général BOULANGER.

Le Ministre de la Marine et des Colonies,
AUBE.

Le Garde des Sceaux, Ministre de la Justice,
DEMÔLE.

En temps de guerre, un espion ne peut être poursuivi que lorsqu'il est pris sur le fait. La peine de l'espionnage est ordinairement la mort, mais l'exécution ne peut avoir lieu sans jugement préalable.

EXEMPLE HISTORIQUE :

Arrestation, le 12 août 1870, de l'espion Harth, officier allemand. (Voir les *Théories dans les chambres* du capitaine Heumann.)

La *tentative d'espionnage* est considérée et punie comme le crime même.

Quiconque aura *recélé ou fait recéler des espions,* qu'il aura connus comme tels, sera passible de la peine de mort,

Tout individu qui favorise l'ennemi de son pays commet une *trahison* et est puni selon le droit public particulier à chaque Etat.

Les *déserteurs* et *transfuges* sont punis conformément aux lois de la guerre et peuvent être condamnés à mort.

Tout habitant d'un territoire occupé par l'ennemi, qui commet quelque acte nuisible à l'ennemi, est justiciable des conseils de guerre.

Les *messagers* sont traités comme prisonniers de guerre s'ils n'ont rien fait pour tromper l'ennemi et, en général, lorsqu'ils sont revêtus de l'uniforme national; si, au contraire, ils ont employé la ruse et le déguisement, ils sont assimilables aux espions.

Les *aéronautes* doivent être assimilés aux messagers et ne pas être considérés comme espions, puisqu'ils agissent ouvertement et que l'ennemi peut tirer sur eux. (*Déclaration de Bruxelles.*)

EXEMPLES HISTORIQUES :

En 1870, les Allemands voulurent assimiler aux espions les aéronautes qui passaient au-dessus de leurs lignes.

« Toutes les personnes qui prendront cette voie pour franchir nos lignes sans autorisation ou pour entretenir des correspondances au préjudice de nos troupes, s'exposeront, si elles tombent en notre pouvoir, au même traitement qui leur est tout aussi applicable qu'à ceux qui feraient des tentatives semblables par la voie ordinaire. » (Communication de M. de Bismarck, 19 novembre 1870.)

Après la guerre les Allemands posèrent la règle suivante :

« Pour autant que l'armée occupante peut exercer un pouvoir effectif, à portée de canon sur l'espace d'air qui s'étend au-dessus du territoire occupé, elle sera autorisée à interdire les relations par ballons. L'espace d'air situé au delà de cette limite n'est pas soumis aux règlements et aux pénalités prescrites par l'ennemi. »

D'après *Calvo*, il faut comparer le personnel d'un ballon à l'équipage d'un navire qui force un blocus et le considérer comme belligérant.

TITRE TROISIÈME

DES HOSTILITÉS

CHAPITRE Ier

Moyens licites et illicites de nuire à l'ennemi.

Les lois de la guerre, aujourd'hui, interdisent aux belligérants certains moyens de nuire à l'ennemi; on doit s'abstenir de rigueurs inutiles et limiter par certaines restrictions l'emploi de la force.

Moyens licites. — L'autorité militaire peut s'approprier la fortune publique mobilière de l'ennemi, s'emparer du trésor de l'armée, des armes, munitions, vivres, voitures; de même pour les chemins de fer, les télégraphes, mais à la condition de restituer ce matériel à la conclusion de la paix. Elle peut encore disposer des recettes publiques, des impôts, des terres appartenant à l'Etat.

Moyens prohibés comme barbares. — Toutes cruautés, toutes violences inutiles sont interdites. Il est défendu de maltraiter un ennemi qui se rend; on doit le considérer comme prisonnier de guerre, à moins qu'il ne cherche à s'évader ou à reprendre les armes; partant de ce principe, on admet qu'on ne saurait déclarer à l'avance qu'on ne fera pas de quartier. On ne doit jamais recourir à l'assassinat, ni mettre à prix la tête d'un ennemi. Enfin, on ne peut excuser un général qui mettrait une ville au pillage ou qui ravagerait une province pour tirer vengeance des habitants.

Les églises, hôpitaux, écoles, musées, ainsi que la propriété privée, doivent, autant que possible, être respectés; les biens meubles qui en dépendent ne peuvent être considérés comme faisant partie de la fortune publique. La destruction intentionnelle des monuments, œuvres d'art, etc., est regardée comme un acte de barbarie. L'enlèvement de bibliothèques, tableaux, collections, etc., *devrait* toujours être interdit.

Dans le combat, le droit international exige que les adversaires ne fassent usage ni de poison, ni d'armes empoisonnées, ni de projectiles explosibles pouvant causer des souffrances inutiles.

C'est pour consacrer ce principe que les puissances européennes adhérèrent à la *Déclaration de Saint-Pétersbourg*, du 11 décembre 1868, ainsi conçue :

DÉCLARATION.

« Sur la proposition du cabinet impérial de Russie, une commission militaire internationale ayant été réunie à Saint-Pétersbourg afin d'examiner la convenance d'interdire l'usage de certains projectiles en temps de guerre, entre les nations civilisées, et cette commission ayant fixé d'un commun accord les limites techniques où les nécessités de la guerre doivent s'arrêter devant les exigences de l'humanité, les soussignés sont autorisés, par les ordres de leurs gouvernements, à déclarer ce qui suit :

« Considérant que les progrès de la civilisation doivent avoir pour effet d'atténuer autant que possible les calamités de la guerre ;

« Que le seul but légitime que les Etats doivent se proposer, durant la guerre, est l'affaiblissement des forces militaires de l'ennemi ;

« Qu'à cet effet, il suffit de mettre hors de combat le plus grand nombre d'hommes possible ;

« Que ce but serait dépassé par l'emploi d'armes qui aggraveraient inutilement les souffrances des hommes mis hors de combat, ou rendraient leur mort inévitable ;

« Que l'emploi de pareilles armes serait dès lors contraire aux lois de l'humanité,

« Les parties contractantes s'engagent à renoncer mutuellement, en cas de guerre entre elles, à l'emploi, par leurs troupes de terre ou de mer, de tout projectile d'un poids inférieur à quatre cents grammes, qui serait explosible, ou chargé de matières fulminantes et inflammables.

« Elles inviteront tous les Etats qui n'ont pas participé, par l'envoi de délégués, aux délibérations de la commission militaire internationale réunie à Saint-Pétersbourg, à accéder au présent engagement.

« Il cesserait également d'être obligatoire du moment où, dans une guerre entre parties contractantes ou accédantes, une partie non contractante ou qui n'aurait pas accédé se joindrait à l'un des belligérants.

« Les parties contractantes ou accédantes se réservent de s'entendre ultérieurement toutes les fois qu'une proposition précise serait formulée en vue des perfectionnement à venir que la science pourrait apporter dans l'armement des troupes, afin de maintenir les principes qu'elles ont posés et de concilier les nécessités de la guerre avec les lois de l'humanité.

« Fait à St-Pétersbourg, le $\frac{29 \text{ novembre}}{11 \text{ décembre}}$ 1868. »

(*Suivent les signatures des plénipotentiaires.*)

Sanctionnée et promulguée en France par décret du 30 décembre 1868, cette déclaration lie entre elles les puissances suivantes : Autriche-Hongrie, Bavière, Belgique, Danemark, France, Grande-Bretagne, Grèce, Italie, Pays-Bas, Perse, Portugal, Prusse, Etats formant l'ancienne confédération de l'Allemagne du Nord, Russie, Suède et Norwège, Suisse, Turquie, Wurtemberg.

Moyens prohibés comme perfides. — L'empoisonnement des puits et des sources, l'assassinat, la violation de la parole donnée, l'abus du pavillon blanc des parlementaires et des insignes de la convention de Genève, l'acte de lever la crosse en l'air pour attirer l'ennemi et le fusiller à bout portant, tous ces moyens sont reconnus comme perfides et par cela même défendus.

Mais on ne saurait empêcher un adversaire de détourner une rivière, de rendre ses eaux manifestement impotables et d'employer les ruses de guerre.

Ruses de guerre. — Les ruses de guerre exemptes de perfidie sont tolérées ; telles sont par exemple : l'usage des sonneries et signaux de l'ennemi pour l'attirer dans une embuscade ; la fabrication de journaux pour annoncer de fausses nouvelles, etc.

EXEMPLE HISTORIQUE :

Publication à Reims, par les Allemands, d'un *Moniteur officiel du gouvernement général,* et à Versailles, d'un prétendu *Moniteur officiel du département de Seine-et-Oise.*

CHAPITRE II

Sièges et blocus, bombardements.

Une ville ouverte, une place fortifiée, ne se défendant pas, ne doivent pas être traitées comme places assiégées; mais une ville ouverte qui se trouve dans le voisinage d'un fort peut être considérée comme comprise dans le rayon d'attaque, recevoir des projectiles et être soumise au *blocus*, c'est-à-dire privée de toute communication avec l'extérieur.

Si le commandant d'une place assiégée veut se débarrasser des *bouches inutiles*, l'assiégeant n'est nullement tenu d'accéder à cette demande.

EXEMPLE HISTORIQUE :

Les Allemands au siège de Péronne.

Avant de commencer le *bombardement* d'une place, il est d'usage de le faire précéder d'un avertissement.

Le bombardement est généralement dirigé contre les remparts et les ouvrages avancés, cependant, l'ennemi peut aussi lancer des projectiles dans l'intérieur de la ville, mais en cherchant, autant que possible, à épargner les édifices consacrés aux sciences, aux arts, au culte, à la bienfaisance, les hôpitaux et les ambulances; sous la réserve toutefois que ces bâtiments ne serviront pas à l'assiégé pour les opérations militaires.

EXEMPLES HISTORIQUES :

Strasbourg, Toul, Paris et plusieurs autres villes ont été bombardées en 1870 par les Allemands, qui ont donné comme excuses des raisons inacceptables et contraires à l'humanité et au droit international.

Dans une lettre adressée le 22 janvier au sous-préfet de Péronne, le général Faidherbe écrit : « Autrefois, on faisait le siège des fortifications d'une ville en ménageant la ville : c'était une sorte de convention internationale, c'était du droit des gens. Les Prussiens, en cela comme en bien des choses, ont rompu avec le passé ; ils n'assiègent plus les fortifications, ils bombardent les villes. Moi, je les accuse de manquer aux usages, aux ménagements pour les populations que les peuples civilisés gardaient dans leurs guerres, à une convention tacite, si elle n'est pas écrite. »

CHAPITRE III

Des représailles.

On appelle *représailles* l'acte de violence par lequel on répond à la violation d'un droit, d'un traité ou d'une convention.

Les représailles sont de deux sortes :

Les *représailles en temps de paix ;* elles sont exercées d'Etat à Etat pour obtenir la réparation d'une injustice ;

Les *représailles en temps de guerre ;* on en use pour répondre à une violation des lois de la guerre.

En principe, la violation des lois de la guerre par un belligérant n'autorise nullement l'adversaire à agir de même. Il est de règle de dénoncer tout d'abord à l'ennemi les infractions dont on a à se plaindre. de demander que des mesures soient prises pour en éviter le retour ; enfin, au besoin, de les dénoncer à l'opinion publique et aux neutres. Dans le cas où l'on n'obtiendrait pas satisfaction, alors seulement on peut être obligé d'avoir recours aux représailles, comme moyen de coercition pour forcer l'ennemi à revenir à l'exécution des lois de la guerre, mais non point comme châtiment, ou plutôt par vengeance. La nature des représailles est proportionnelle à la gravité de l'injure commise.

En raison même de leur gravité, les représailles ne doivent être ordonnées que par le commandant en chef ; il n'appartient ni aux soldats ni aux simples officiers d'y recourir de leur propre mouvement.

Le plus souvent, les représailles atteignent les innocents ; aussi sont-elles le côté le plus triste de la guerre.

Un soldat vient à être assassiné dans un village : est-il nécessaire, est-il humain de fusiller, par châtiment, plusieurs habitants ? Les représailles ne devraient être admises qu'en cas de nécessité impérieuse et en observant les lois de l'humanité.

EXEMPLES HISTORIQUES :

Incendie de Bazeilles et de Châteaudun, en représailles de la défense des habitants. — Incendie de Fontenoy, en représailles de la destruction du pont (1870).

CHAPITRE IV

Des otages et des prisonniers de guerre. Internés en pays neutres.

Otages. — Lorsqu'une puissance se saisit de certaines personnes pour s'en servir comme d'*otages*, elle doit pourvoir à leurs besoins et les traiter conformément à leur rang, au même titre que les prisonniers de guerre. Autrefois, on mettait à mort les otages, en cas de non-exécution des traités ; mais aujourd'hui cet acte serait considéré comme barbare.

EXEMPLE HISTORIQUE :

Bluntschli blâme énergiquement les Allemands qui, pendant la guerre de 1870-71, et pour assurer les transports par chemins de fer, ont obligé les personnes notables à monter sur les locomotives. « Ce moyen de procéder, dit-il, est d'autant plus critiquable, qu'il compromet la vie des citoyens paisibles sans donner un sérieux accroissement de sécurité. Cette conduite ne serait excusable qu'en cas de représailles. » Les Allemands ont pris des otages à Dijon, Vesoul, Gray, Melun, St-Quentin, et dans toute la Lorraine. »

Prisonniers de guerre. — Tout ennemi qui se rend, ou se trouve hors d'état de résister, peut être fait *prisonnier de guerre ;* les habitants du pays pourront l'être exceptionnellement. Le personnel du service sanitaire est couvert par la convention de Genève ; mais les fonctionnaires de l'intendance, de l'administration, les fournisseurs, les cantiniers et les correspondants de journaux peuvent être faits prisonniers de guerre.

Le décret du 26 octobre 1883, sur le service des armées en campagne, contient les lignes suivantes : « Les prisonniers de guerre ne doivent jamais être insultés, maltraités ni dépouillés ; chacun d'eux est traité avec les égards dus à son rang. » (Voir aussi le *Règlement français du 6 mai* 1859.)

Les prisonniers de guerre sont remis à l'autorité supérieure qui doit pourvoir à leur nourriture, à leur entretien, leur faire donner les soins que réclame leur santé, leur éviter les insultes et les mauvais traitements de la foule, et les traiter avec dignité et humanité. Leurs biens personnels, argent, bijoux, les armes exceptées, restent leur propriété, à moins que, par mesure d'ordre, ils ne soient confisqués *provisoirement* ; ils leur seraient rendus lors de leur mise en liberté. Les officiers peuvent, dans certains cas, être autorisés à garder leur sabre ou épée. C'est un devoir d'honneur pour eux d'indiquer leurs rang et grade véritables.

Les prisonniers peuvent être astreints à certains travaux, à la condition que ces travaux ne soient ni humiliants, ni exécutés en vue des opérations militaires ; on ne peut les contraindre à porter les armes contre leur patrie, ou à donner des renseignements qui compromettraient les intérêts de leur gouvernement.

Les prisonniers doivent être mis simplement dans l'impossibilité de reprendre les armes ; ils ont à se soumettre à toutes les mesures de sûreté prises à leur égard ; ils peuvent être *internés* dans une ville, dans un camp ou dans un fort, mais ils ne sont *enfermés* que dans des cas exceptionnels et urgents. Les lois et règlements en vigueur dans le pays où ils sont détenus leur sont appliqués.

Si le prisonnier cherche à *s'évader*, il

peut être tué pendant la fuite ; mais s'il est repris, il ne peut être puni criminellement pour sa tentative d'évasion. On lui inflige une peine disciplinaire et une surveillance plus sévère, et si, après avoir rejoint l'armée nationale, il vient à être repris, on ne pourra lui infliger une peine quelconque à raison de sa première évasion. (*Déclaration de Bruxelles, art.* 28.)

La mise en liberté sur parole. — Tout prisonnier de guerre peut, suivant les circonstances, être mis en liberté sur parole. Il s'engage alors, sur l'honneur, à respecter les conditions apportées à sa mise en liberté, telles que : ne pas quitter le lieu de l'internement, ne pas prendre, en cas de retour dans son pays, une part *active* aux hostilités, ou ne rien faire qui puisse être contraire aux intérêts de l'ennemi. Cet engagement ne doit pas l'empêcher d'être employé dans son pays à l'instruction des recrues, aux travaux de fortification des places non assiégées, au maintien de l'ordre public dans les services civils et diplomatiques.

Le fait de donner sa parole, bien qu'individuel, n'est pas un acte purement privé ;

il rentre dans le domaine du droit public, et si le prisonnier a enfreint, en le signant, les prescriptions de la loi de son pays, il s'expose aux peines édictées contre cette infraction, mais le contrat reste valable et son gouvernement ne peut le reprendre à son service.

Un soldat a-t-il le droit de se lier ainsi les mains, de renoncer volontairement à sa liberté d'action et d'assister dans son pays, en simple spectateur, aux événements militaires ? Son patriotisme devrait toujours le lui interdire. Tout prisonnier qui, au mépris de sa parole, reprend les armes contre l'Etat qui l'a libéré et est de nouveau fait prisonnier, peut être privé des droits des belligérants, et se voir condamné à mort pour avoir forfait à l'honneur. (*Code de justice militaire, art.* 204.)

Echange de prisonniers. — L'échange de prisonniers est facultatif, et se fait au moyen d'une convention qui porte le nom de *cartel d'échange*. Il peut se faire homme pour homme, grade pour grade, blessé pour blessé.

Fin de captivité. — La captivité cesse de droit par la conclusion de la paix.

Internés en pays neutres. — Lorsque des troupes battues, des militaires isolés, passent sur un territoire neutre, on les désarme, on les interne et l'on pourvoit à leur entretien, moyennant remboursement ultérieur des frais occasionnés.

Tout interné en pays neutre qui s'évaderait violerait les lois de la guerre. Tout officier qui, arrivé sur un territoire neutre, donnerait sa parole de ne pas partir sans autorisation, peut être passible de punitions dans son pays, si les règlements nationaux lui interdisent d'accepter la liberté sur parole.

Le passage de convois de blessés à travers un territoire neutre ne saurait être toléré sans l'assentiment des belligérants. Les isolés blessés peuvent être soumis à l'internement et, dans certains cas, être autorisés à rentrer dans leurs foyers,

CHAPITRE V

Rapports et négociations entre belligérants.

Les relations entre belligérants sont parfois nécessaires, mais elles ne sont valables que lorsqu'elles ont lieu entre des chefs militaires, munis de pouvoirs suffisants et relativement à des questions touchant le sort des troupes sous leurs ordres directs ; dans ce cas, les conventions conclues doivent être valables, même lorsqu'elles sont blâmées par un des gouvernements ; toute clause relative à des questions qui ne seraient pas de la compétence des signataires pourrait ne pas être reconnue par les gouvernements intéressés.

Les *sauf-conduits militaires* pour les personnes sont accordés par les commandants de troupes ; ils permettent aux porteurs de traverser librement les lignes des armées.

Ce sauf-conduit n'est valable que pour la personne qui y est désignée et n'est pas transmissible ; il n'a de valeur que sur le territoire occupé par l'armée qui l'a accordé et pendant un délai déterminé.

Les *sauvegardes* constituent une protection spéciale accordée aux personnes et aux propriétés que l'on veut soustraire aux conséquences de la guerre. (*Service en campagne, décret du 26 octobre 1883, art. 237-244.*)

On désigne sous le nom de *parlementaire* toute personne militaire ou non, déléguée pour entrer en communication avec l'adversaire : il s'annonce de loin par un drapeau blanc et est ordinairement accompagné d'un clairon ou trompette. Il est contraire au droit des gens de tirer sur un parlementaire ou sur les personnes qui l'accompagnent. On n'est pas tenu de recevoir, en toutes circonstances, un parlementaire. Le parlementaire qui abuserait de sa position pour espionner pourrait être puni militairement. (*Service en campagne, décret du 26 octobre 1883, art. 174.*)

EXEMPLES HISTORIQUES :

On ne peut faire un crime à l'ennemi, dit Bluntschli, d'avoir tiré sur un parlementaire lorsqu'il n'y a pas eu mauvaise foi de sa part. Pendant la guerre de 1870, les parlementaires allemands ont été, à plusieurs reprises, reçus à coups de fusil, mais ces accidents déplorables doivent être imputés à l'ignorance des soldats en matière de droit international, à une méprise regrettable, et non point la violation des lois de la guerre.

La *suspension d'armes* a pour effet d'interrompre les actes de guerre, pendant un temps généralement très court ; ses effets ne sont applicables qu'à certains points déterminés du théâtre des opérations.

EXEMPLES HISTORIQUES :

En 1796, une suspension d'armes fut accordée pour les funérailles du général Marceau. En 1870, plusieurs suspensions d'armes furent demandées pour relever les blessés, enterrer les morts, etc.

L'armistice conclu pour un temps plus long est une mesure d'un caractère plus général ; il est à la fois politique et militaire et ne peut être signé par les commandants militaires qu'avec l'assentiment de l'autorité politique ou l'autorisation des gouvernements respectifs.

L'armistice lie les parties contractantes, dès qu'il est conclu ; aussi, doit-on sans retard en porter les clauses à la connaissance des troupes. Pendant sa durée, il est interdit de continuer les hostilités, de gagner du terrain, de continuer, dans un siège, les travaux d'approche; mais, à moins de stipulations contraires, les préparatifs militaires peuvent continuer en deçà des lignes d'opérations.

L'armistice ne supprime pas l'état de guerre.

Il peut s'étendre à toutes les armées belligérantes, ou bien n'être que partiel.

EXEMPLE HISTORIQUE :

Armistice conclu à Versailles le 28 janvier 1871.

La *trêve* est un armistice général, à longue échéance, quelquefois même à échéance indéfinie.

EXEMPLE HISTORIQUE :

Armistice conclu, en 1884, entre le Chili et la Bolivie.

Les *capitulations* sont des conventions par lesquelles un corps de troupe, une place forte se rendent à l'ennemi avec ou sans conditions. La capitulation sans conditions ne donne pas au vainqueur le droit de mettre à mort ceux qui ont capitulé.

« Les lois françaises condamnent à la peine de mort, avec dégradation militaire, le gouverneur d'une place de guerre reconnu coupable d'avoir capitulé sans avoir épuisé tous les moyens de défense dont il disposait et sans avoir fait tout ce que prescrivaient le devoir et l'honneur. » (*Service des places du* 23 *octobre* 1883, *art.* 208, 209 *et* 210; *Code de justice militaire, art.* 210.)

Le commandant des troupes signataires d'une capitulation ne peut y introduire rien qui se référerait à la paix future ; c'est ainsi que la clause introduite dans la capitulation de Verdun et par laquelle le matériel de guerre de la place devait revenir à la France, à la signature de la paix, ne fut pas reconnue valable.

La capitulation peut être écrite ou verbale ; elle porte généralement sur les points suivants :

1. Le sort de l'armée vaincue. — 2. Le matériel de guerre et les armes des combattants. — 3. La remise de la place. — 4. La propriété des effets personnels des troupes. — 5. Les médecins et les blessés. (*Service des places du* 23 *octobre* 1883, *art.*

208 *et* 209; *Code de justice militaire, art.*
210.)

Capitulations de Sedan, Metz, Strasbourg, Paris.
A Belfort, la garnison quitte la place avec les
honneurs de la guerre et conserve ses armes, ses
bagages et son matériel.

Phalsbourg, investie le 10 août et sommée de se
rendre, refusa. Bombardée le même jour, elle tint
bon. L'ennemi fit à la garnison l'offre de sortir
avec armes et bagages et de rejoindre l'armée
française; le commandant *Taillant,* soutenu par
un conseil de défense énergique, rejeta ces propositions. La place répondit victorieusement au
feu de l'ennemi, la garnison fit des sorties heureu-
ses; en vain les bombardements renouvelés dé-
truisirent-ils le tiers de la ville : rien ne put
ébranler le courage des défenseurs.

Mais les jours de résistance étaient comptés.
Après quatre mois de défense. n'ayant pas de vivres pour la prolonger, le commandant Taillant,
de l'avis du conseil et ne s'inspirant que de l'intérêt du pays, détruisit son artillerie, ses munitions, ses fusils, tout, enfin, ce que l'ennemi pou-
vait utiliser dans la suite de la guerre ou montrer
comme trophée; puis, l'œuvre de destruction complètement terminée, le commandant fit ouvrir les
portes de la place et prévint l'ennemi qu'il se
rendait à discrétion.

Une telle conduite est on ne peut plus honora-
ble. L'ennemi, pour le reconnaître, et sans que

rien lui eût été imposé par une capitulation, accorda aux officiers de conserver leur épée et leurs bagages, aux soldats leur sac, et les autorisa à choisir les villes où ils devaient se rendre. (*Rapport du conseil d'enquête, 12 août 1872.*)

Voici le jugement du conseil d'enquête :

« Le conseil considérant que, dans la défense de la place qui lui avait été confiée, le commandant Taillant a rempli tous les devoirs prescrits par le décret du 13 octobre 1863 ; que, par sa fermeté, son énergie, il a su maintenir la discipline dans la garnison ; que, par une bonne et judicieuse organisation, il a suppléé à l'insuffisance du personnel d'artillerie ; est d'avis que le commandant Taillant et son conseil de défense méritent des éloges. »

La guerre se termine généralement par un *traité* qui fixe les conditions et les bases nouvelles sur lesquelles doit reposer la *paix*. Le traité de paix est ordinairement précédé de négociations destinées à régler le différend qui a provoqué la guerre ; c'est ce qu'on appelle les *préliminaires de paix*.

EXEMPLES HISTORIQUES :

. Préliminaires de paix de Villafranca (1859), de Nikolsbourg (1866), de Versailles (1871), de San-Stefano (1878.)

La conclusion de la paix entraine, à moins de réservés spéciales, un *armistice* qui « jette le manteau de l'oubli sur les luttes et les plaintes antérieures ». Aucune poursuite ne sera plus admise à l'occasion des dommages causés pendant la guerre.

Les traités de paix peuvent contenir des clauses spéciales, ayant pour but de régler des questions *d'indemnités*, d'assurer par des *garanties* l'exécution de la convention ou d'opérer une *cession de territoire*.

EXEMPLE HISTORIQUE :

L'Allemagne a exigé de la France, en 1870, une indemnité de cinq millards et la cession de l'Alsace et de la Lorraine.

TITRE QUATRIÈME

LA CONVENTION DE GENÈVE

CHAPITRE Ier

Blessés, malades et morts.

En 1863, M. Gustave Moynier, président de la *Société génevoise d'utilité publique*, provoquait la réunion d'une conférence internationale qui formula un certain nombre de vœux relatifs au traitement des blessés et des malades, en cas de guerre.

Quelques mois après, le gouvernement suisse se décidait à faire appel aux différentes puissances ; seize d'entre elles acceptèrent ; elles signèrent la *convention de Genève*, du 22 août 1864, complétée plus tard, lors de la *conférence du 20 octobre 1868*, à Genève, par une série d'articles additionnels, et étendue ensuite à l'armée de mer. Les additions à la convention de

Genève n'ont pas été officiellement acceptées, mais elles sont néanmoins adoptées
comme *modus vivendi*.

Actuellement, tous les Etats de l'Europe,
les Etats-Unis et plusieurs Etats de l'Amé-
rique du Sud ont adhéré à cette convention.

En 1874, une *conférence internationale,
réunie à Bruxelles*, a élaboré un projet de
déclaration concernant les lois de la
guerre. Cette convention a été adoptée
par tous les plénipotentiaires des puissances, mais elle ne saurait être obligatoire;
elle n'est encore qu'une enquête conscien-
cieuse qui peut servir de base à un déve-
loppement de la convention de Genève.

CONVENTION DE GENÈVE

Du 22 août 1864.

« S. M. l'Empereur des Français, S. A. R.
le Grand-Duc de Bade, S. M. le Roi des
Belges, S. M. le Roi de Danemark, S. M.
la Reine d'Espagne, S. A. R. le Grand-
Duc de Hesse, S. M. le Roi d'Italie, S. M.
le Roi des Pays-Bas, S. M. le Roi du Portugal et des Algarves, S. M. le Roi de

Prusse, la Confédération Suisse, S. M. le Roi de Wurtemberg, également animés du désir d'adoucir, autant qu'il dépend d'eux, les maux inséparables de la guerre, de supprimer les rigueurs inutiles et d'améliorer le sort des militaires blessés sur le champ de bataille, ont résolu de conclure une Convention à cet effet et ont nommé pour leurs plénipotentiaires, savoir :

(*Suit l'indication des plénipotentiaires*).

« Lesquels, après avoir échangé leurs pouvoirs, trouvés en bonne et due forme, sont convenus des articles suivants :

« ART. 1er. Les ambulances et les hôpitaux militaires seront reconnus neutres, et, comme tels, protégés et respectés par les belligérants, aussi longtemps qu'il s'y trouvera des malades ou des blessés.

« La neutralité cesserait, si ces ambulances ou ces hôpitaux étaient gardés par une force militaire.

« ART. 2. Le personnel des hôpitaux et des ambulances, comprenant l'intendance, les services de santé, d'administration, de

transport des blessés, ainsi que les aumô-
niers, participera au bénéfice de la neutralité lorsqu'il fonctionnera, et tant qu'il
restera des blessés à relever ou à secourir.

« ART. 3. Les personnes désignées dans
l'article précédent pourront, même après
l'occupation par l'ennemi, continuer à
remplir leurs fonctions dans l'hôpital ou
l'ambulance qu'elles desservent ou se retirer pour rejoindre le corps auquel elles
appartiennent.

« Dans ces circonstances, lorsque ces
personnes cesseront leurs fonctions, elles
seront remises aux avant-postes ennemis
par les soins de l'armée occupante.

« ART. 4. Le matériel des hôpitaux militaires demeurant soumis aux lois de la
guerre, les personnes attachées à ces
hôpitaux ne pourront, en se retirant,
emporter que les objets qui sont leur propriété particulière.

« Dans les mêmes circonstances, au
contraire, l'ambulance conservera son
matériel.

« ART. 5. Les habitants du pays qui

porteront secours aux blessés seront respectés et demeureront libres.

« Les généraux des puissances belligérantes auront pour mission de prévenir les habitants de l'appel fait à leur humanité et de la neutralité qui en sera la conséquence.

« Tout blessé recueilli et soigné dans une maison y servira de sauvegarde. L'habitant qui aura recueilli chez lui des blessés sera dispensé du logement des troupes, ainsi que d'une partie des contributions de guerre qui seraient imposées.

« ART. 6. Les militaires blessés ou malades seront recueillis et soignés, à quelque nation qu'ils appartiennent. Les commandants en chef auront la faculté de remettre immédiatement aux avant-postes ennemis les militaires blessés pendant le combat, lorsque les circonstances le permettront et du consentement des deux partis.

« Seront renvoyés dans leur pays ceux qui, après guérison, seront reconnus incapables de servir.

« Les autres pourront être également

renvoyés, à la condition de ne pas reprendre les armes pendant la durée de la guerre.

« Les évacuations, avec le personnel qui les dirige, seront couvertes par une neutralité absolue.

« ART. 7. Un drapeau distinctif et uniforme sera adopté pour les hôpitaux, les ambulances et les évacuations. Il devra être, en toute circonstance, accompagné du drapeau national.

« Un brassard sera également admis pour le personnel neutralisé ; mais la délivrance en sera laissée à l'autorité militaire.

« Le drapeau et le brassard porteront croix rouge sur fond blanc.

« ART. 8. Les détails d'exécution de la présente convention seront réglés par les commandants en chef des armées belligérantes, d'après les instructions de leurs gouvernements respectifs et conformément aux principes généraux énoncés dans cette Convention.

« ART. 9. Les hautes puissances contractantes sont convenues de communiquer la présente Convention aux gouvernements qui n'ont pu envoyer de plénipotentiaires à la Conférence internationale de Genève, en les invitant à y accéder ; le Protocole est, à cet effet, laissé ouvert.

« ART. 10. La présente Convention sera ratifiée et les ratifications en seront échangées à Berne, dans l'espace de quatre mois, ou plus tôt si faire se peut.

« En foi de quoi, les plénipotentiaires respectifs l'ont signée et y ont apposé le cachet de leurs armes.

« Fait à Genève, le vingt-deuxième jour du mois d'août de l'an 1864. »

(Suivent les signatures).

Cette convention fut promulguée en France par décret du 14 juillet 1865.

Voici le texte des articles additionnels :

Articles additionnels à la Convention du 22 août 1864, relative aux militaires blessés sur les champs de bataille, signée à Genève le 20 octobre 1868.

« Les gouvernements de l'Allemagne du Nord, l'Autriche, Bade, la Bavière, la

Belgique, le Danemark, la France, la
Grande-Bretagne, l'Italie, les Pays-Bas,
la Suède et la Norwège, la Suisse, la Turquie, le Wurtemberg,

« Désirant étendre aux armées de mer
les avantages de la Convention conclue à
Genève le 22 août 1864 pour l'améliora-
tion du sort des militaires blessés dans les
armées en campagne et préciser davan-
tage quelques-unes des stipulations de
ladite Convention, ont nommé pour leurs
commissaires :

(Suit l'énumération des délégués).

« Lesquels, dûment autorisés à cet effet,
sont convenus, sous réserve d'approbation
de leurs Gouvernements, des dispositions
suivantes :

ART. 1er. Le personnel désigné dans
l'article 2 de la Convention continuera,
après l'occupation par l'ennemi, à donner,
dans la mesure des besoins, ses soins aux
malades et aux blessés de l'ambulance ou
de l'hôpital qu'il dessert.

« Lorsqu'il demandera à se retirer, le
commandant des troupes occupantes fixera

le moment de ce départ, qu'il ne pourra toutefois différer que pour une courte durée en cas de nécessités militaires.

« ART. 2. Des dispositions devront être prises par les puissances belligérantes pour assurer au personnel neutralisé, tombé entre les mains de l'armée ennemie, la jouissance intégrale de son traitement.

ART. 3. Dans les conditions prévues par les articles 1 et 4 de la Convention, la dénomination d'*ambulance* s'applique aux hôpitaux de campagne et autres établissements temporaires qui suivent les troupes sur les champs de bataille pour y recevoir des malades et des blessés.

« ART. 4. Conformément à l'esprit de l'article 5 de la Convention et aux réserves mentionnées au protocole de 1864, il est expliqué que, pour la répartition des charges relatives au logement des troupes et aux contributions de guerre, il ne sera tenu compte que dans la mesure de l'équité du zèle charitable déployé par les habitants.

« Art. 5. Par extension de l'article 6 de la Convention, il est stipulé que, sous la réserve des officiers dont la possession importerait au sort des armes, et dans les limites fixées par le 2ᵉ paragraphe de cet article, les blessés tombés entre les mains de l'ennemi, lors même qu'ils ne seraient pas reconnus incapables de servir, devront être renvoyés dans leur pays après leur guérison ou plus tôt si faire se peut, à la condition toutefois de ne pas reprendre les armes pendant la durée de la guerre.

(Les articles suivants sont relatifs aux guerres maritimes.)

« Art. 15. Le présent acte sera dressé en un seul exemplaire original qui sera déposé aux archives de la Confédération suisse.

« Une copie authentique de cet acte sera délivrée à chacune des puissances signataires de la Convention du 22 août 1864, ainsi qu'à celles qui y ont successivement accédé.

« En foi de quoi, les commissaires soussignés ont dressé le présent projet d'articles additionnels et y ont apposé le cachet de leurs armes.

« Fait à Genève, le 20e jour du mois d'octobre 1868. »

(*Suivent les signatures des commissaires.*)

Il est de la *plus haute importance* que tout militaire ait non seulement connaissance des principales dispositions contenues dans les conventions ci-dessus, mais encore qu'il sache les exécuter, quelquefois même les interpréter conformément aux usages reçus.

Ainsi, les ambulances et les hôpitaux militaires sont non pas neutres, mais *inviolables;* en d'autres termes, on a le droit de se servir du matériel sanitaire, mais on ne saurait le considérer comme *prises de guerre* ni le détourner de sa destination; de même pour le personnel sanitaire; cependant, les postes de police chargés de veiller à la sécurité des établissements hospitaliers peuvent être faits prisonniers.

La Convention de Genève ne s'est pas occupée des *Sociétés de secours;* en principe, on accorde à ces dernières les mêmes privilèges que ceux contenus dans la Convention, à la condition toutefois que l'un ou l'autre des belligérants leur ait donné l'autorisation de se constituer. Le fonctionnement de la *Société française de secours aux blessés militaires* a été réglementé par les décrets du 2 mars 1878 et du 3 juillet 1884 (1).

Les *morts* doivent être protégés contre le pillage et les outrages. C'est au vainqueur à les ensevelir, après avoir, au préalable, constaté leur identité (plaques d'identité) ; il doit communiquer ces renseignements à l'adversaire et lui faire remettre les objets trouvés sur le défunt et qui étaient sa propriété personnelle. Souvent on conclut une suspension d'armes pour permettre aux deux partis d'ensevelir leurs morts.

---

(1) Voir l'annexe.

TITRE CINQUIÈME

DE L'OCCUPATION
ET DE SES CONSÉQUENCES

CHAPITRE Ier

Respect des personnes.

Lorsqu'une contrée est occupée titulairement par l'envahisseur, qui commande en maître, elle tombe sous le coup de *l'occupation* et est soumise aux lois martiales de l'armée qui en a pris possession.

L'occupation du territoire par les troupes ennemies peut entraîner la suspension des autorités régulières et leur remplacement par les autorités militaires.

Les habitants doivent s'abstenir de tout acte hostile ; l'occupant peut rendre des ordonnances générales, prendre des mesures administratives et exercer la police en vue de sa sûreté et prélever aussi les impôts ; en revanche, l'intérêt même de l'occupant lui commande d'assurer la vie publique et de laisser en vigueur les lois civiles et pénales établies ; quant aux autres lois politiques, administratives et financières, il peut être nécessaire de les suspendre, ainsi la loi de conscription, les lois sur la presse et celles sur les réunions publiques.

Les fonctionnaires et magistrats continuent à devoir obéissance à leur gouvernement ; l'occupant peut les laisser en place ou les supprimer ; en tous cas, il écartera les agents politiques.

Les autorités municipales conservent ordinairement leurs fonctions ; il y a à leur maintien un intérêt réciproque, mais l'ennemi ne peut leur demander leur concours pour des choses lésant les intérêts de la patrie.

Dans ses rapports avec les habitants, l'occupant doit s'abstenir de tout attentat et de toute violence contre eux. Le soldat est tenu à la même réserve que s'il tenait garnison dans son pays.

Tous les habitants inoffensifs ont droit à une sécurité complète et au respect de leurs convictions religieuses et de leurs sentiments de patriotisme. On ne peut exiger d'eux aucun serment d'obéissance.

Cependant les lois de la guerre autorisent l'occupant à requérir certains *services personnels*, soit pour réparer des routes, des ponts, soit pour obtenir des guides, des convoyeurs; mais ces réquisitions ne sont pas du tout conciliables avec le respect dû aux personnes, pas plus que la *prise d'otages* dont les Allemands ont fait usage pendant la guerre de 1870.

En tout cas, s'il est licite de demander aux habitants et d'exiger au besoin, sous forme de corvée, ces services personnels, on ne peut forcer la population à concourir à la construction de ponts d'un intérêt purement stratégique.

EXEMPLE HISTORIQUE :

Sous peine d'amende d'abord, puis sous menace d'être fusillés, les Allemands, après la destruction du pont de Fontenoy, forcèrent les entrepreneurs à réunir leurs ouvriers et à reconstruire le pont.

CHAPITRE II

Des biens.

Il faut distinguer :

1° Les *biens publics*, qui comprennent les biens immobiliers et les biens mobiliers appartenant, soit à l'Etat, soit à des corps administratifs, des établissements publics, des corporations religieuses ;

2° Les *biens privés*.

Le droit international actuel interdit absolument de faire du butin en temps de guerre ; l'envahisseur n'a donc pas le droit de s'approprier les *biens immobiliers de l'Etat*, mais il peut s'en servir et occuper les casernes, les forts, les hôpitaux, les hôtels de préfecture, etc. Il pourra aussi percevoir les produits des exploitations agricoles, forestières, faire faire des coupes dans les forêts, mais en observant, à moins de nécessité absolue, les règles et les usages établis dans le pays.

Quant aux *biens mobiliers de l'Etat*, l'occupant peut se les approprier et les garder ; il en sera ainsi des armes, équipements, chevaux, approvisionnements, numéraire et capitaux appartenant à l'Etat ; il est interdit de s'emparer des capitaux appartenant à des particuliers et déposés dans les caisses publiques.

Le matériel de chemins de fer, de navigation appartenant à des particuliers pourra être saisi, mais la restitution devra en être faite à la paix.

Les *biens des communes* doivent être traités comme la propriété privée.

Les édifices publics consacrés aux arts, aux cultes, à l'instruction et à la charité, les monuments, bibliothèques, etc., doivent être l'objet d'une protection particulière. (Déclaration de Bruxelles, art. 8.) Le vainqueur peut cependant approprier ces édifices à ses besoins et changer momentanément leur destination, dans la mesure des convenances et du respect dû à la religion.

L'occupant n'a pas le droit de s'emparer des tableaux, statues, livres renfermés dans les musées.

EXEMPLES HISTORIQUES :

Pendant la guerre de 1870, les Allemands ont

cherché à appliquer strictement ces règles en ce qui concernait les biens de l'Etat; mais, il est vrai, dans la pratique, il y a eu de nombreuses exceptions. Il nous suffira de rappeler le meurtre du curé d'Aubigny (Cher) qui voulait empêcher les Allemands de transformer l'église en écurie ; le pillage méthodique et raisonné de la bibliothèque militaire de l'Ecole de Saint-Cyr à laquelle on enleva près de 3,000 volumes, etc.

Les règles qui concernent le respect dû aux personnes sont également applicables aux biens des personnes, c'est-à-dire aux *biens privés*. Le vainqueur doit respecter la propriété privée et ne peut y porter atteinte que lorsque les opérations militaires l'y obligent ; tels sont les cas de bombardement, de marche des troupes à travers les terres cultivées, de défense d'un village, d'une maison, d'un bois, etc. De plus, la constitution et les lois de chaque Etat doivent fixer l'indemnité à laquelle les propriétaires lésés peuvent avoir droit. Le pillage et la destruction inutiles sont formellement interdits, la maraude et le vol tombent sous le coup des lois militaires.

Une maison abandonnée par son propriétaire ne doit pas être pillée ; les néces-

sités de la guerre excusent sans doute les
dégâts que l'on peut être amené à commettre, mais l'occupant ne doit s'approprier aucun des biens privés, et malheureusement, malgré les dénégations de
Bluntschli, les soldats allemands se sont,
à maintes reprises, en dépit même des
ordres de leurs chefs, approprié le bien
d'autrui.

Tout soldat qui découvre et s'approprie
des valeurs cachées par des habitants du
territoire envahi, commet un vol et est
puni selon les lois en usage.

CHAPITRE III

Impôts. — Réquisitions. — Contributions. Amendes.

Impôts. — Le vainqueur peut disposer des recettes publiques et des impôts généraux perçus ou à percevoir dans le territoire occupé ; mais en revanche, il est astreint à certaines obligations nécessitées par l'administration de la justice et les besoins publics.

L'occupant n'a aucun droit sur les impôts perçus au profit des départements, des communes, et il ne peut établir de nouveaux impôts. Dans le cas où il lui serait impossible de percevoir les impôts établis par le gouvernement légal, il pourrait être autorisé à en percevoir d'équivalents. (Déclaration de Bruxelles, art. 5.)

EXEMPLE HISTORIQUE :

Pendant la guerre de 1870, les Allemands ont perçu, à différents titres, la somme de 61,822,564 francs.

Réquisitions. — Une armée en campagne a besoin de logement, de vivres, d'habillements, de moyens de transport ; elle est souvent forcée de s'adresser au pays pour se procurer ce qui lui est nécessaire, d'où la *réquisition*. La réquisition est donc un acte de contrainte par lequel l'occupant obtient des populations ce qui lui est nécessaire. On désigne aussi sous le nom de *réquisitions* les vivres, denrées ou autres objets que l'autorité militaire se fait livrer.

Le décret sur le service des armées en campagne (art. 104-107) et la loi sur les réquisitions (3 juillet, 2 août 1877), fixent les droits et les obligations de chacun en pareille matière.

On ne doit recourir aux réquisitions qu'en cas de nécessité, et n'exiger que les prestations nécessaires à l'entretien des troupes et proportionnellement aux ressources disponibles du pays. Tout abus de ce genre est contraire au droit international et doit être sévèrement réprimé.

Le droit de requérir est attribué aux généraux qui peuvent le déléguer. Les réquisitions sont constatées par les *reçus* que l'on délivre pour chaque prestation.

En cas de nécessité pressante et lorsque les habitants ne veulent pas vendre ou fournir les objets requis, on peut être autorisé à s'en emparer violemment, sous condition de remboursement ou d'indemnité ultérieure.

EXEMPLES HISTORIQUES :

En 1866, les Prussiens abusèrent considérablement du droit de réquisition. Francfort dut fournir à l'armée envahissante, non seulement le nécessaire, mais encore le superflu. En 1870, les mêmes faits blâmables se reproduisirent constamment et des plaintes très nombreuses se sont élevées contre les réquisitions exagérées des commandants allemands.

Contributions. — Les contributions sont des réquisitions en argent.

Le *général en chef* a seul le droit d'ordonner des contributions en argent. (*Service en campagne, art.* 104.)

Des contributions pécuniaires ne peuvent être levées simplement pour exercer une pression sur les habitants ; elles doivent répondre aux besoins réels de l'armée et être un équivalent des prestations que l'occupant est en droit d'exiger : elles remplacent alors les réquisitions en nature, ou bien encore les impôts que le général en chef se trouverait dans la nécessité de lever dans l'intérêt même du pays et de l'armée occupante.

La contribution en argent ne doit donc jamais être considérée comme la rançon du pillage qui est contraire aux usages de la guerre et au droit international.

Amendes. — L'occupant peut assurer le respect de ses prescriptions par des *amendes*.

Les communes et les particuliers qui facilitent l'exécution d'actes hostiles à l'ennemi peuvent être rendus pécuniairement responsables de tous les dommages.

EXEMPLE HISTORIQUE :

En 1870, les Allemands ont abusé de ce droit en imposant des amendes, non seulement à la commune sur le territoire de laquelle des actes hostiles avaient été commis, mais aussi à la commune d'origine du coupable.

TITRE SIXIÈME

LA NEUTRALITÉ

CHAPITRE Ier

Définitions.

La *neutralité* est la non-participation à une lutte engagée entre deux ou plusieurs nations.

La neutralité est *conventionnelle* ou *de fait*, quand elle est imposée par un traité ; exemples : la Suisse (traités de 1815), la Belgique (traités de 1831 et de 1839), le Luxembourg (traité de Londres 1867).

La neutralité est *conditionnelle* ou *de droit*, quand un Etat déclare rester provisoirement étranger à la guerre ; exemples : les grandes puissances d'Europe, les Etats-Unis, le Japon, pendant la guerre de 1870.

La *neutralité armée* résulte des mesures de précaution que prennent les Etats neutres pour faire respecter leur situation.

CHAPITRE II

Conséquences de la neutralité.

La neutralité, pour être efficace, exige deux conditions :

1º La non-participation à la guerre;

2º L'impartialité.

Les gouvernements neutres ne doivent fournir à un belligérant ni armes, ni matériel de guerre, ni troupes, ni subsides pécuniaires; cependant, le fait que des citoyens d'un Etat neutre entrent sans l'autorisation de leur gouvernement au service de l'un des belligérants, ne constitue pas une violation de la neutralité; de même pour l'exportation en *détail* des armes de guerre; mais l'adversaire a le droit de les confisquer comme contrebande de guerre.

EXEMPLES HISTORIQUES :

En 1870, la Suisse et la Belgique interdirent complètement l'exportation et le transit des armes de guerre; mais, par contre, l'Angleterre et les Etats-Unis ne mirent point d'obstacles à ce commerce. La même année, le Czar défendit à ses sujets d'entrer comme volontaires au service d'un des belligérants ; mais, en 1876, l'enrôlement en masse dans l'armée serbe fut permis aux volontaires russes.

Le territoire neutre doit être respecté par les belligérants ; l'Etat neutre a le devoir de s'opposer à la violation de son territoire, mais il peut accueillir en tout temps des détachements de troupes ou des soldats isolés, poursuivis par l'ennemi, leur fournir des vivres, à la condition toutefois que ces belligérants n'abusent pas de cette hospitalité pour continuer la guerre ; dans ce cas, il devrait prendre les mesures nécessaires pour faire respecter sa neutralité.

EXEMPLE HISTORIQUE :

En 1870, la Belgique prit des mesures pour interner les militaires armés ou non, en uniforme ou déguisés sous l'habit civil, qui étaient entrés sur son territoire.

L'Etat neutre a encore le droit de mettre en liberté les prisonniers de guerre amenés par les troupes qui se réfugient sur son territoire, et de rendre aux anciens propriétaires le butin ou les prises.

Exemple historique :

Les prisonniers allemands amenés en Suisse par l'armée du général Bourbaki, furent remis en liberté par les autorités fédérales, qui renvoyèrent en France un nombre égal d'internés français.

———————

TITRE SEPTIÈME

LA GUERRE MARITIME

CHAPITRE Ier

Généralités.

En général, les mêmes principes fondamentaux s'appliquent à la guerre sur terre et à la *guerre maritime*. Cependant, la guerre sur mer a des usages propres, s'écartant de ceux qui sont en vigueur dans les luttes sur terre. C'est ainsi que la guerre maritime se fait également contre la propriété privée et que le commerce des neutres est sujet, sur mer, à de nombreuses entraves. (*Manuel de droit maritime international de* F. PERELS.)

Le théâtre de la guerre maritime comprend :

1° La pleine mer ;

2° Les eaux des belligérants ou la mer territoriale.

On reconnaît généralement comme permise la simple traversée de la mer territoriale, qu'un navire de guerre fait en longeant les côtes d'un Etat neutre.

Les belligérants n'ont pas le droit de séjourner dans les eaux du neutre ; cependant, dans les cas de dangers de mer, l'asile ne doit jamais être refusé ; il peut même être permis de faire les réparations indispensables au navire, de prendre de l'eau, des provisions et du charbon, mais pour un temps déterminé. L'embarquement de munitions de guerre est défendu.

Deux nations belligérantes peuvent se livrer à des faits de guerre, soit en pleine mer, soit dans leurs eaux territoriales, mais elles doivent s'abstenir de tout acte d'hostilité dans les eaux des pays neutres.

En fait, *le droit de prise* est reconnu aux belligérants ; il s'exerce naturellement sur les navires de guerre de l'ennemi et sur leurs équipages, mais aussi sur les navires de commerce portant le pavillon ennemi, leurs équipages et les marchandises qu'ils contiennent.

Une déclaration du 16 avril 1856, acceptée par la plupart des puissances, proclame les règles suivantes :

1º Le pavillon neutre couvre la marchandise ennemie, à l'exception de la contrebande de guerre :

2º La marchandise neutre, à l'exception de la contrebande de guerre, n'est pas saisissable sous pavillon ennemi.

Jadis, les *corsaires* jouaient sur mer le même rôle que les corps francs sur terre ; ils recevaient des *lettres de marque* ou commissions en guerre qui les autorisaient à courir sus aux navires ennemis : c'est ce qui les distinguait des *pirates*, qui n'étaient, à proprement parler, que des brigands, des écumeurs de mer.

Au congrès de Paris, en 1856, les cinq grandes puissances de l'Europe signèrent, le 16 avril, une déclaration ainsi conçue :

« *La course est et demeure abolie.* »

Plus tard, tous les États du monde entier, moins les États-Unis, le Mexique et l'Espagne, acceptèrent cette déclaration.

MEMENTO

A L'USAGE

DES SOUS-OFFICIERS, CAPORAUX ET SOLDATS

I

(L'ordre et l'objet des différents titres et chapitres du Memento sont les mêmes que ceux adoptés pour les Notions de droit international; il sera donc facile de se reporter aux paragraphes correspondants de la première partie.)

MEMENTO

On appelle *droit international* ou *droit des gens* l'ensemble des principes qui régissent les rapports des Etats entre eux, pendant la paix et pendant la guerre.

La *guerre* est la lutte à main armée entre deux ou plusieurs Etats.

Les *lois de la guerre* modifient, à titre exceptionnel, les lois régulières établies en temps de paix ; elles sont la sanction des conventions acceptées, dans un but humanitaire, par les puissances civilisées. Tout soldat est tenu de se conformer aux lois de la guerre.

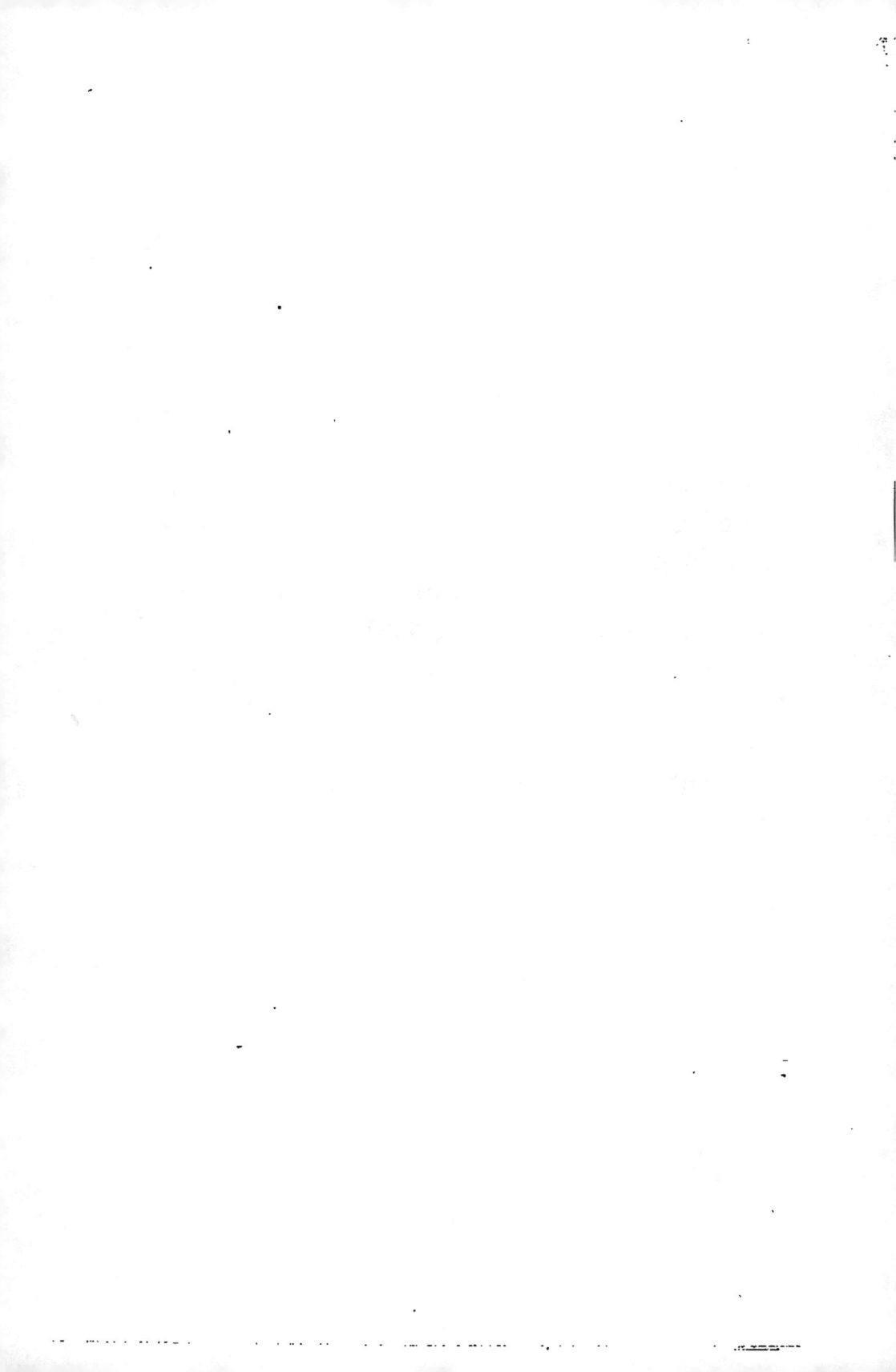

TITRE PREMIER

LA GUERRE

CHAPITRE Ier

De la déclaration de guerre.

On entend par *casus belli* (cas de guerre) toute cause de rupture avec une puissance étrangère.

On désigne par *ultimatum* la note diplomatique posant finalement certaines conditions dont le refus serait suivi d'une déclaration de guerre.

La *déclaration de guerre* est l'acte par lequel on signifie les hostilités.

CHAPITRE II

Effets immédiats de la déclaration de guerre.

De la déclaration de la guerre date la rupture des relations diplomatiques.

Les sujets des belligérants peuvent être autorisés à rester en pays ennemi et, dans ce cas, ils sont placés sous la protection d'un état neutre, ou bien ils sont expulsés.

Tout commerce avec l'ennemi est formellement interdit; il en est de même de la correspondance.

TITRE DEUXIÈME

DES COMBATTANTS

CHAPITRE Ier

Des belligérants.

Sont compris sous la dénomination de belligérants et doivent être traités selon les lois de la guerre :

1° Les nationaux soumis au service militaire, les engagés volontaires, les étrangers enrôlés;

2° Les troupes auxiliaires, corps francs, partisans, francs-tireurs remplissant les conditions suivantes :

(*a*) Etre placés sous la direction d'un chef responsable;

(*b*) Etre autorisés par l'Etat au nom duquel ils combattent;

(*c*) Revêtir un costume ou un insigne distinctif:

(*d*) Porter les armes ouvertement;

(*e*) Se conformer aux lois de la guerre.

En dehors de ces catégories, tous ceux qui prennent les armes ne sont que des combattants et peuvent ne pas être traités en belligérants; l'ennemi a le droit de les déférer à la cour martiale. Il faut cependant faire une exception en faveur des habitants d'un territoire non occupé qui, à l'approche de l'ennemi, prennent les armes ouvertement pour combattre les troupes d'invasion, même s'ils n'ont pas eu le temps de s'organiser: c'est ce qui caractérise la *levée en masse*. (*Manuel des lois de la guerre*, Oxford.)

CHAPITRE II

Espions, traîtres, déserteurs, transfuges, messagers, aéronautes.

L'*espion* est l'individu qui, agissant clandestinement, cherche à se procurer des renseignements utiles à l'ennemi. Lorsqu'il est pris en flagrant délit, il est condamné à mort. Les messagers porteurs de dépêches officielles, les aéronautes accomplissant ouvertement leur mission ne doivent pas être considérés comme espions.

Quiconque aura recélé ou fait recéler un espion qu'il aura connu pour tel, sera passible de la peine de mort.

Tout individu qui favorise l'ennemi de son pays commet une *trahison* et subit la peine édictée par le Code pénal.

Les *déserteurs* et les *transfuges* sont justiciables des conseils de guerre.

Les *guides* pris en pays ennemi ont souvent besoin d'être surveillés, parfois on doit user de rigueur envers eux.

––––––––––

TITRE TROISIÈME

DES HOSTILITÉS

CHAPITRE Ier

Moyens licites et illicites de nuire à l'ennemi.

On doit toujours s'abstenir, à la guerre, de rigueurs inutiles à l'égard de la population. Toutes cruautés, toutes violences qui ne seraient pas nécessaires, tous actes déloyaux, injustes ou tyranniques sont formellement interdits.

Il est défendu de maltraiter un ennemi qui se rend.

L'emploi de projectiles explosibles d'un poids inférieur à 400 grammes, de poison, d'armes empoisonnées, est défendu.

La destruction intentionnelle des monuments, œuvres d'art, etc., est considérée comme un acte de barbarie.

Droit international.

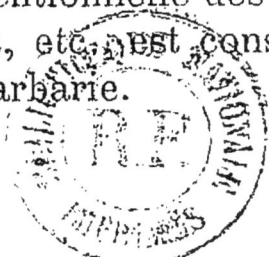

L'enlèvement de bibliothèques, tableaux et collections ne saurait être toléré.

Les églises, les écoles et la propriété privée doivent être respectées.

L'acte de lever la crosse en l'air pour attirer l'ennemi et le fusiller à bout portant est un moyen perfide et par cela même défendu.

Il est interdit d'user indûment des insignes militaires ou de l'uniforme de l'ennemi, du pavillon parlementaire, ainsi que des signes tutélaires prescrits par la Convention de Genève.

Les ruses de guerre exemptes de perfidie sont permises ; ainsi, on peut tromper l'ennemi sur sa force et les mouvements de ses troupes en allumant un grand nombre de feux de bivouac pour faire croire à la présence de forces imposantes.

La parole donnée à l'ennemi doit être tenue.

CHAPITRE II

Sièges et blocus, bombardements.

Toute ville ouverte, qui ne se défend pas, ne doit être ni bombardée ni traitée en ville assiégée.

Le bombardement d'une place est dirigé sur les remparts et les fortifications; l'ennemi peut ou non lancer des projectiles dans l'intérieur de la ville à la condition d'épargner, autant que possible, les édifices consacrés au culte, aux sciences, aux arts, etc.

Le *blocus* consiste à investir une place et à enlever à ses défenseurs toute communication avec le dehors.

Le *siège* comprend, outre l'investissement, une série d'attaques et de travaux ayant pour but d'enlever la place de vive force.

Le siège, comme le blocus, doit être précédé d'une *sommation* pour inviter l'ennemi à se rendre.

Avant de commencer le bombardement d'une place, il est d'usage d'avertir les autorités que le feu va être ouvert.

CHAPITRE III

Des représailles.

On appelle représailles l'acte de violence par lequel on répond à la violation d'un droit ou d'une convention.

En principe, la violation des lois de la guerre par un belligérant n'autorise nullement l'adversaire à agir de même ; ce n'est que dans le cas où les réclamations ne seraient pas exécutées que l'on a recours aux représailles, non pas comme vengeance, mais pour forcer l'ennemi à observer les lois de la guerre.

Les représailles ne doivent être ordonnées que par le commandant en chef ; il n'appartient ni aux soldats ni aux officiers d'y recourir de leur propre mouvement.

Les représailles, atteignant le plus souvent les innocents, ne sont excusables que dans les cas extrêmes, en observant toujours les lois de l'humanité.

CHAPITRE IV

Des otages et des prisonniers de guerre.

Les *otages* sont des personnes dont l'ennemi s'empare, soit pour assurer la sécurité de ses troupes, soit à titre de représailles, ou simplement pour garantir
l'exécution de certaines réquisitions. Ils
doivent être traités conformément à leur
rang et sur le même pied que le prisonnier
de guerre.

Tout ennemi qui se rend ou se trouve
hors d'état de résister peut être fait *prisonnier*.

Les prisonniers de guerre ne doivent
jamais être insultés, maltraités ni dépouillés. Tout ce qui leur appartient personnellement, les armes exceptées, reste leur propriété. Ils sont remis à l'autorité supérieure
qui doit pourvoir à leur nourriture et à leur
entretien. Ils peuvent être internés dans
une ville, dans un camp ou dans un fort et
être astreints à certains travaux, à la condition que ces travaux ne soient ni humi-

liants, ni exécutés en vue des opérations militaires.

Tout acte d'insubordination autorise à leur égard des mesures de rigueur. Contre un prisonnier fugitif, on peut, après sommation, faire usage des armes.

Tout prisonnier fugitif qui, ayant donné sa parole de ne pas s'évader, est repris, peut être privé des droits de prisonnier de guerre. Il en est de même de celui qui, mis en liberté sur parole, rentre dans ses foyers et reprend les armes ; il peut, en outre, être passible, dans son pays, des peines qui sont infligées à ceux qui acceptent leur mise en liberté sur parole.

CHAPITRE V

Rapports et négociations entre belligérants.

On désigne sous le nom de *parlementaire* toute personne, militaire ou non, déléguée pour entrer en pourparlers avec l'adversaire.

Il s'annonce de loin par un drapeau blanc et est ordinairement accompagné d'un clairon, d'un trompette ou d'un tambour, et quelquefois aussi d'un guide et d'un interprète.

Le parlementaire et les personnes qui l'accompagnent ont droit à l'inviolabilité ; il est donc contraire au droit des gens de tirer sur eux.

On n'est pas toujours tenu de recevoir un parlementaire ; mais, lorsqu'on l'admet à franchir les lignes des avant-postes, on a le droit de prendre toutes les mesures nécessaires pour éviter toute indiscrétion.

Tout parlementaire qui abuserait de la confiance qu'on lui accorde perdrait ses droits à l'inviolabilité.

La *suspension d'armes* a pour effet d'interrompre les actes de guerre pendant un temps généralement très court.

L'*armistice*, conclu pour un temps plus long, est une mesure d'un caractère plus général.

La *trève* est un armistice à longue échéance.

Les *capitulations* sont des conventions par lesquelles une place, un corps de troupe se rendent à l'ennemi.

La guerre se termine généralement par un *traité* qui fixe les conditions de la *paix*.

TITRE QUATRIÈME

LA CONVENTION DE GENÈVE

CHAPITRE Ier

Blessés, malades et morts.

Le sort des blessés et des malades a toujours mérité d'attirer l'attention publique; aujourd'hui, grâce à la Convention de Genève, signée le 20 août 1864, sur l'initiative de M. Moynier, président de la société gènevoise d'utilité publique, le sort des militaires blessés est devenu bien meilleur.

Nous allons analyser brièvement les principales dispositions de la Convention de Genève, adoptée aujourd'hui par tous les Etats de l'Europe et les Etats-Unis.

Les militaires blessés ou malades doivent être recueillis et soignés, à quelque nation qu'ils appartiennent.

8

Le personnel sanitaire neutralisé porte un brassard blanc avec croix rouge dont la délivrance appartient exclusivement à l'autorité militaire.

Un drapeau distinctif et uniforme (fanion en forme de pavillon, fond blanc, bordé écarlate, avec croix de même couleur sur son milieu) est adopté pour les hôpitaux, les ambulances et les évacuations. Il doit être, en toute circonstance, accompagné du drapeau national.

La nuit, le matériel sanitaire et les ambulances sont distingués par deux lanternes, dont une à verre rouge et l'autre à verre blanc.

Les ambulances et les hôpitaux militaires sont reconnus neutres et, comme tels, protégés et respectés par les belligérants aussi longtemps qu'il s'y trouve des malades et des blessés.

Le poste de police, qui, très souvent, est laissé aux ambulances pour les protéger contre le vol et la violence, peut être fait prisonnier par l'ennemi; mais sa présence n'enlève pas aux ambulances le caractère de neutralité ou plutôt d'inviolabilité qui leur est reconnu.

Les habitants du pays qui portent secours aux blessés sont respectés et demeurent libres. Tout blessé recueilli et soigné dans une maison y servira de sauvegarde.

Les blessés qui, après guérison, seront reconnus incapables de servir, seront renvoyés dans leur pays.

Il est interdit de dépouiller et de mutiler les *morts* gisant sur les champs de bataille.

Est puni de la réclusion tout militaire qui dépouille un blessé. Le coupable est puni de mort si, pour dépouiller le blessé, il lui a fait de nouvelles blessures.

La *Société française de secours aux blessés* est autorisée à seconder, en temps de guerre, le service de santé militaire. Elle est placée sous l'autorité du commandement et des directeurs du service de santé.

TITRE CINQUIÈME

DE L'OCCUPATION
ET DE SES CONSÉQUENCES

CHAPITRE Iᶜʳ

Respect des personnes.

Dans ses rapports avec les habitants, l'occupant doit s'abstenir de tout attentat et de toute violence contre eux.

Le soldat est tenu à la même réserve que s'il tenait garnison dans son pays.

Tous les habitants inoffensifs ont droit à une sécurité complète et au respect de leurs convictions religieuses et de leurs sentiments de patriotisme.

CHAPITRE II

Des biens.

Le droit international interdit absolument de faire du butin en temps de guerre.

L'occupant n'a pas le droit de s'emparer des statues, tableaux, livres renfermés dans les musées.

Le vainqueur doit respecter la propriété privée.

Une maison abandonnée par son propriétaire ne saurait être pillée, et il est interdit à tout militaire de s'approprier les biens d'autrui.

Tout soldat qui découvre et s'approprie les valeurs cachées par des habitants du territoire envahi, commet un vol et est puni selon les lois en usage.

ANNEXE

ANNEXE

DÉCRET DU 3 JUILLET 1884 PORTANT RÈGLE-
MENT POUR LE FONCTIONNEMENT DE LA SO-
CIÉTÉ DE SECOURS AUX BLESSÉS MILITAIRES.

ART. 1er. La Société française de secours aux blessés des armées de terre et de mer est autorisée à seconder, en temps de guerre, le service de santé militaire, et à faire parvenir aux malades et blessés les dons qu'elle reçoit de la générosité publique.

Pour l'accomplissement de cette mission, elle est placée sous l'autorité du commandement et des directeurs du service de santé.

Les conditions de son fonctionnement sont déterminées par le présent règlement et par le règlement sur le service de santé.

ART. 2. L'intervention de ladite société consiste, en temps de guerre : 1º à créer

dans les places de guerre et les localités
qui lui sont désignées par le Ministre de la
guerre, ou les généraux commandant le
territoire, suivant le cas, des hôpitaux des-
tinés à recevoir des blessés et des malades
appartenant aux armées; 2° à prêter son
concours au service de l'arrière en ce qui
concerne les trains d'évacuation, les infir-
meries de gare et les hôpitaux auxiliaires
du théâtre de la guerre. Ce concours ne
peut être étendu ni au service de première
ligne, ni aux hôpitaux d'évacuation, dont
demeure exclusivement chargé le service
de santé militaire.

En temps de paix, la société adresse,
tous les six mois, au Ministre de la guerre
un rapport destiné à lui faire connaître les
moyens dont elle dispose en personnel et
en matériel.

Art. 3. Toutes les associations qui pour-
raient se former dans le même but et qui
ne seraient pas reconnues comme établissements d'utilité publique devront être rat-
tachées à la Société de secours et seront,
dès lors, assujetties aux dispositions du
présent règlement.

Ces dispositions ne s'appliquent pas aux ambulances locales, dont l'action ne s'étend pas hors de la commune où sont établies lesdites ambulances, qui demeurent d'ailleurs sous la surveillance des généraux commandant le territoire.

Art. 4. Nul ne peut être employé par la Société de secours s'il n'est Français ou naturalisé Français, et s'il n'est dégagé de toutes les obligations imposées par la loi du 27 juillet 1872, sur le recrutement de l'armée, et par la loi du 3 brumaire an IV, sur l'inscription maritime.

Néanmoins, les hommes appartenant à la réserve de l'armée territoriale peuvent, exceptionnellement, sur des autorisations nominatives données par le Ministre de la guerre, être admis à faire partie du personnel employé par cette Société. Les demandes d'autorisation concernant les hommes de cette dernière catégorie seront adressées dès le temps de paix au Ministre. Les autorisations accordées par le Ministre seront valables, même en cas d'appel de la classe à laquelle ils appartiennent.

Sont recrutés : les médecins traitants,

parmi les docteurs ou médecins ou les officiers de santé ; les pharmaciens, parmi les pharmaciens diplômés.

ART. 5. La société est représentée :

A l'intérieur:

1° Auprès du Ministre de la guerre et du Ministre de la marine et des colonies, par le président de la société ;

2° Dans chaque région de corps d'armée où elle a des centres d'action, par un délégué régional nommé par le conseil supérieur de la Société, agréé par le Ministre de la guerre et accrédité par lui auprès du général commandant le corps d'armée.

Dans les 10ᵉ, 11ᵉ, 15ᵉ et 18ᵉ corps d'armée, les délégués régionaux sont également accrédités auprès des vice-amiraux commandant en chef, préfets maritimes.

Aux armées:

Dans chaque armée ou corps d'armée opérant isolément, par un délégué d'armée nommé par le conseil supérieur, agréé et commissionné par le Ministre de la guerre.

Lorsque la Société est appelée à coopérer au service des évacuations, elle est représentée par des délégués spéciaux.

dont les nominations sont faites, au fur et à mesure des besoins, par le délégué d'armée, sauf l'agrément de l'autorité militaire.

ART. 6. Le personnel d'exécution : médecins, pharmaciens, comptables, etc., est exclusivement choisi par la Société, sous les réserves déjà indiquées à l'article 4, et sous la condition, pour les médecins, d'avoir été agréés par le Ministre de la guerre. Au début et préalablement au fonctionnement du service, les différents délégués régionaux et autres adressent aux autorités militaires un contrôle nominatif du personnel employé sous leurs ordres. Ils font connaître, au cours du service, les mutations qui se produisent.

ART. 7. Le personnel de la Société de secours, lorsqu'il est employé aux armées, est soumis aux lois et règlements militaires. Il est justiciable des tribunaux militaires, par application des articles 62 et 75 du Code de justice militaire.

ART. 8. Le président de la Société de secours est l'intermédiaire entre M. le Ministre de la guerre et la Société.

C'est à lui que sont adressées toutes les communications officielles ayant pour objet l'organisation générale du service de la Société.

Dès le temps de paix, le Ministre de la guerre lui fait connaître les parties du service à l'exécution desquelles la Société doit participer en cas de mobilisation.

Au cours des opérations, il lui fournit toutes les indications utiles à son fonctionnement.

ART. 9. Les délégués régionaux ne correspondent pas avec le Ministre ; ils s'adressent, par l'intermédiaire du directeur du service de santé, aux généraux commandant les régions de corps d'armée, et, s'il y a lieu, aux vice-amiraux commandant en chef, préfets maritimes, pour toutes les affaires où l'intervention de l'autorité militaire ou maritime peut être nécessaire.

Il fournissent périodiquement un rapport sur le fonctionnement du service dans leur circonscription.

ART. 10. Les délégués aux armées ne prennent aucune mesure, de quelque nature qu'elle soit, sans avoir préalablement obtenu l'assentiment des chefs militaires ; ils se conforment à tout ordre concernant le service que ces chefs leur adressent, soit directement, soit par l'intermédiaire du directeur du service de santé.

La correspondance adressée par les délégués au général commandant passe par l'intermédiaire du directeur du service de santé.

ART. 11. Aux armées, le personnel de la Société porte un uniforme déterminé par le Ministre de la guerre, sur la proposition de ladite Société.

Le même personnel est autorisé à porter le brassard institué en vertu de l'article 7 de la Convention de Genève, en date du 22 août 1864, dans les conditions déterminées par les règlements de ladite Société.

Les brassards sont exclusivement délivrés par le directeur du service de santé de la région et revêtus de son cachet et du numéro de série de la région, sur la production du contrôle nominatif du personnel indiqué à l'article 6.

Il est délivré en même temps une carte

nominative qui porte le même numéro que le brassard, et qui est signée par le délégué régional et par le directeur du service de santé. Tout porteur de brassard doit être constamment muni de cette carte.

ART. 12. A l'intérieur et aux armées, aucun établissement hospitalier ne peut être créé par la Société de secours sans une entente préalable avec l'autorité militaire au sujet de l'importance à donner à l'établissement et du choix de son emplacement.

La fermeture d'un établissement reste soumise à la même formalité d'entente préalable. Aux armées, la clôture ne peut être prononcée que par le Ministre ou par les généraux commandant en chef.

ART. 13. La Société de secours se procure, pour chaque établissement qu'elle crée, le matériel nécessaire à l'exécution du service.

Toutefois, si l'organisation d'un établissement reconnu indispensable ne peut être effectuée, faute de certaines ressources en matériel, l'administration de la guerre peut mettre exceptionnellement à la disposition de la Société, à titre de prêt, tout ou partie de ce matériel.

Dans ce cas, la Société demeure responsable du matériel prêté, dont il est dressé contradictoirement un inventaire évaluatif en triple expédition; l'une d'elles reste entre les mains du délégué régional, la seconde est déposée dans les archives de l'administration militaire locale, la troisième est adressée au Ministre de la guerre.

ART. 14. Dans les localités où la Société de secours crée des établissements hospitaliers, elle est tenue de fournir, avec ses propres ressources, les denrées et objets de consommation nécessaires au traitement des malades.

Par exception, si la Société desservait des établissements sous une place investie où les ressources lui feraient défaut, l'administration militaire pourrait lui fournir les denrées et objets de consommation reconnus nécessaires.

Ces fournitures, délivrées sur bons régulièrement établis et visés par le sous-intendant militaire, seraient effectuées contre remboursement par la Société dans la limite de ses ressources financières.

Art. 15. L'autorité militaire détermine les catégories de blessés et de malades dont le traitement peut avoir lieu dans les établissements desservis par la Société.

Art. 16. Les conditions de traitement des malades admis dans les établissements desservis par la Société de secours, en ce qui concerne le régime alimentaire, les prescriptions et le fonctionnement du service intérieur, doivent, autant que possible, se rapprocher des règles fixées par le règlement sur le service de santé.

Le soin de régler cette partie du service appartient au délégué régional ou à ses représentants. Néanmoins, tous les établissements créés par la Société de secours demeurent placés, au point de vue du contrôle et de la discipline, sous la surveillance de l'autorité militaire; au point de vue de l'hygiène et de l'exécution du service, sous celle du directeur du service de santé de la région ou de son délégué.

Les obligations et les attributions des employés comptables des établissements desservis par la Société sont, en ce qui concerne les décès, les mêmes que celles des comptables des ambulances des hôpitaux militaires.

ART. 17. La Société de secours reçoit de l'administration de la guerre, par journée de malade traité dans ses établissements, à titre de part contributive d'Etat, une indemnité fixe de 1 franc. Cette indemnité n'est pas due pour les journées de sortie par guérison.

La Société reste chargée de faire procéder, à ses frais, à l'inhumation des militaires décédés dans ses établissements, ainsi qu'à la célébration du service mortuaire.

La même indemnité journalière de 1 franc est accordée à la Société pour tout militaire évacué dans un train sanitaire permanent, organisé par elle.

ART. 18. Les délégations des Sociétés de secours étrangères ne pourront être admises à fonctionner concurremment avec la Société française, que sur une autorisation formelle du Ministre de la guerre et avec la réserve de se placer sous la direction de cette Société.

ART. 19. Les règlements et instructions ministérielles sur le service de santé pourvoiront à la complète exécution des dispositions contenues dans le présent décret.

ART. 20. Les dispositions du présent décret, sont, en tenant compte de la spécialité du service maritime, applicables dans les ports militaires, dans les colonies, ainsi que dans les pays étrangers, pendant les expéditions maritimes.

ART. 21. Sont abrogées toutes les dispositions des décrets et règlements contraires au présent décret.

ART. 22. Le Ministre de la guerre et le Ministre des colonies sont chargés, chacun en ce qui le concerne, de l'exécution du présent décret.

Fait à Paris, le 3 juillet 1884.

JULES GRÉVY.

TABLE DES MATIÈRES

TITRE TROISIÈME

DES HOSTILITÉS

TITRE QUATRIÈME

LA CONVENTION DE GENÈVE

TITRE CINQUIÈME

DE L'OCCUPATION ET DE SES CONSÉQUENCES

TITRE TROISIÈME

TITRE QUATRIÈME

TITRE CINQUIÈME

ANNEXE

Paris et Limoges. — Imp. militaire Henri CHARLES-LAVAUZELLE.

www.ingramcontent.com/pod-product-compliance
Lightning Source LLC
Chambersburg PA
CBHW072315210326
41519CB00057B/5080